DISCOURS

PRONONCÉ

SUR LA TOMBE DE M. ALPHONSE COLAS,

Le 15 Juillet 1887,

Au nom de la Société des Sciences et des Arts de Lille,

Par M. Louis HALLEZ, président.

LILLE

IMPRIMERIE L. DANEL.

1887.

DISCOURS

PRONONCÉ

SUR LA TOMBE DE M. Alphonse COLAS,

Le 15 Juillet 1887,

Au nom de la Société des Sciences et des Arts de Lille,

Par M. Louis HALLEZ, président.

Messieurs,

Au nom de la Société des Sciences et des Arts de Lille, j'adresse un dernier adieu à l'homme de bien et au grand artiste qui vient de nous quitter. Vous excuserez, puisque vous la partagez, l'émotion qui me tient en ce moment. J'avais depuis de longues années l'honneur de connaître M. Alphonse Colas ; en même temps qu'il me témoignait estime et amitié, il me laissait apprécier la grandeur de son caractère. Je parlerai donc de lui avec une sincérité et une conviction acquises dans ces relations trop tôt interrompues ; puissè-je seulement exprimer comme je le dois et comme je le comprends, le sentiment de respect qu'impose une carrière aussi dignement parcourue et les regrets qu'excite une séparation aussi inattendue.

Une parole plus compétente vous dira les divers actes de sa carrière d'artiste et interprètera son œuvre avec une autorité qui me manque. Permettez moi pourtant de vous rappeler les principales étapes de cette belle vie.

Né en 1818, dessinateur dès l'enfance, poussé par cette force inconsciente qui fait les maîtres, malgré tous les obstacles, triomphant de toutes les difficultés qui semblent s'accumuler sur la route et qui ne peuvent que stimuler l'ardeur de ceux qui vont au but entrevu, Alphonse Colas devint élève de Souchon vers 1840, et son élève préféré : « Mon Colas », disait le maître. En 1843, il partit pour Rome, pensionnaire du département, et, des premiers, habita la maison léguée par le chevalier Wicar. Il y séjourna cinq ans. De retour à Lille, après s'être fortifié dans l'étude des maîtres de la Renaissance, il entra, en 1851, aux Écoles académiques comme adjoint de Souchon, et succéda, en 1855, à son vénéré professeur.

Dès lors, son rôle à Lílle, dans tout ce qui concerne les beaux-arts, est et demeure prépondérant. En 1865, il fait partie de la Commission du Musée de peinture, et en 1866, de la Commission historique du département du Nord.

Dès 1852, la Société des Sciences l'avait élu membre titulaire, et un vote unanime l'appelait, en 1884, à la présidence de notre Compagnie. Il nous a donc appartenu pendant trente-cinq ans. Durant cette longue période, son autorité sur les questions d'art est restée parmi nous en dehors de toute contestation ; il fut le dispensateur de la pension Wicar, et ses jugements furent constamment ratifiés et par ses collègues et par l'opinion publique, car sa compétence et son intégrité étaient indiscutables.

Son œuvre est considérable et enrichit nos musées et nos églises : Saint-Jacques de Douai, Saint-Pierre-Saint-Paul et Saint-Michel de Lille, Notre-Dame de Roubaix, l'église d'Estaires, lui doivent de belles peintures religieuses ; notre Musée a de lui un *Saint-Grégoire*, un *Samson* et une *Érection de la Croix*, qui témoignent de la valeur de son pinceau, le musée de Roubaix possède son *Denier de la*

Veuve, qui lui valut au salon de 1865 une troisième médaille. Des collections particulières ont acquis d'autres toiles, non moins importantes, un *Ecce homo* d'une composition originale et d'un sentiment religieux profond, une *France allégorique*, peinte à la suite de nos malheurs, et d'autres encore. Parmi les innombrables portraits qu'il a signés, citons ceux de Souchon, pour qui il garda un culte pieux, culte qui semble avoir conduit son pinceau et lui a fait produire un chef-d'œuvre ; de Lacaze-Duthiers, de Kuhlmann, de Delezenne, qui ont appartenu à notre Société, et tant d'autres encore, œuvres toujours consciencieuses, et souvent vivantes, car elles prenaient leur inspiration dans l'étude morale du modèle.

Son influence dans le mouvement artistique de notre région est aussi grande que fut féconde sa puissance de création. Il fut un grand artiste : l'énumération que je viens de faire, la vision que nous avons tous en ce moment de ces belles productions en témoignent hautement.

Il fut un maître, et, si je ne craignais de blesser la modestie de plusieurs qui m'écoutent, je dirais les noms d'artistes éminents dont il dirigea les débuts et qui lui doivent, quelque route qu'ils aient prise depuis, ces principes nécessaires sans lesquels l'initiative et l'originalité ne valent rien, ce point d'appui résistant qui permet aux volontés de prendre avec indépendance et certitude leur élan vers ce qu'elles jugent être l'idéal. Ses élèves, j'en vois à toutes les hauteurs, dans la peinture et dans la sculpture, et je les entend qui se glorifient de procéder de lui. Et c'est ainsi que cet homme modeste a tant fait pour la réputation artistique de notre contrée et pour l'art français tout entier.

Enfin, Messieurs, il disait dans son discours de Président, en 1884 : « A l'heure qu'il est, le goût des beaux-arts est universel ». Il oubliait de dire combien il avait contribué à cette diffusion ; combien d'industriels, de commerçants, d'amateurs avaient puisé dans son enseignement du dessin et dans sa conversation ce goût des belles choses ; combien, sur ses encouragements, « avaient pris la palette et fait des efforts légitimés par des succès sérieux ; combien de maisons s'étaient ornées de nombreuses et magistrales acquisitions. » C'est ainsi qu'il s'exprimait, en n'omettant qu'une chose . c'est qu' il avait été le promoteur infatigable de ce mouvement artistique.

Vous parlerai-je, maintenant, de son caractère ? A l'heure où finissent des existences semblables à la sienne, l'émotion vient non pas de l'œuvre arrêtée, et qui, en somme, survit, mais bien de cette pensée que l'homme a disparu, emportant toutes ses vertus et ses noblesses, et l'on cherche autour de soi qui le remplacera. Or, si quelqu'un doit être regretté à ce point de vue, c'est bien notre cher Collègue. Il était juste, sincère et bon.

Juste.— Artistes qui m'écoutez, témoignez-en. Rendant à chacun ce qui lui appartenait, respectueux de la liberté de tous, surtout de la liberté de ses élèves, vous l'avez connu encourageant vos efforts dans la voie choisie par vous , applaudissant à vos succès sans tenir compte de ses préférences personnelles, moins désireux, en un mot, de fonder une école que d'inventer des maîtres. Ferme dans ses convictions, il admettait néanmoins que le beau peut revêtir des formes différentes, et que l'éclectisme est le salut, dans une époque où l'art cherche une orientation nouvelle , et où chacun doit être respecté dans ses tendances, si ces tendances ont pour point de départ la sincérité.

Sincère, il le fut : il était un artiste croyant à l'art, fidèle à la formule qu'il avait choisie dans sa jeunesse, mais écrivant ceci : « Une révolution s'opère dans la période actuelle, révolution dont l'allure devient chaque jour plus accentuée. Le feu sacré est certainement plus ardent que jamais, et il est permis d'espérer de ce grand mouvement une heureuse issue pour l'art. » Voilà le témoignage de sa sincérité, voilà, Messieurs, son testament. Combien connaissez-vous d'hommes, arrêtés par les empêchements de la vie, qui saluent avec une pareille noblesse les heureux qui ont le pouvoir de marcher en avant !

Ce qui explique cette grandeur d'âme, c'est sa bonté. Alphonse Colas ne se connaissait pas d'ennemis, et s'il souffrit le mal, il ne sut jamais qui le lui faisait. Il se tint sévèrement éloigné de toute compétition et de toute intrigue, parce qu'il jugeait que tous les hommes étaient bons comme lui et que les intrigants n'existaient pas. Est-ce là le motif qui réduisit à évoluer dans une sphère plus modeste celui qui eut pu aspirer aux plus hautes destinées de l'art ? C'est possible, après tout ; il n'était pas un homme fait pour la lutte ardente de l'existence telle que l'a créée notre siècle ; il ne voulut pas, selon l'expression de l'époque, entrer dans le mouvement, se contentant de chérir son art, et de vivre pour lui et pour sa famille, en homme simple, honnête et laborieux.

Une vie ainsi dirigée peut rester dans la mémoire des hommes comme un exemple pour ceux qui commencent, comme un encouragement pour d'autres sincères qui, semblables à lui, ont préféré l'honneur, fut-il obscur, aux soumissions de la conscience.

Puisse ce témoignage, écho de l'opinion de tous, rester dans la famille de notre regretté Confrère comme un héritage précieux, de beaucoup préférable à d'autres ; puisse cette famille en larmes y trouver une consolation et une pieuse espérance.

———

www.ingramcontent.com/pod-product-compliance
Lightning Source LLC
LaVergne TN
LVHW010249060726
842527LV00007B/2702